en Calle de la Lectura

¡ÉCHALE, CHICO!

Glenview, Illinois • Boston, Massachusetts • Chandler, Arizona
Shoreview, Minnesota • Upper Saddle River, New Jersey

Chico, mira el semáforo.

Échale, es luz verde.

Los camiones corren rápido.

Melvin no. Melvin lucha.

Melvin no corre mucho.

Mira el semáforo, chico.

¡Para! ¡Es luz roja, chico!

Los amigos se paran en seco.

¿Se para Melvin?

—¡No, yo paso! —dijo Melvin,
muy dichoso.